AF400226

CHECKLIST DU BUSINESS PLAN

Les 9 étapes-clés à ne pas manquer !

Par Antoine Delers
Sous la direction de Brigitte Feys

50MINUTES.fr

DEVENEZ UN PRO
EN BUSINESS !

CHECKLIST DU BUSINESS PLAN

- **Dénominations ?** Business plan, plan d'affaires, plan d'entreprise, plan d'activités, plan de développement.
- **Usages ?** Généralement utilisé pour la création de nouvelles entreprises ou le lancement de nouveaux produits, le business plan permet de juger la faisabilité d'un projet, compte tenu des caractéristiques du marché, et définit également le plan marketing inhérent.
- **Raisons de son efficacité ?** Le business plan permet de cerner les limites, mais aussi les perspectives, d'un projet d'entreprise en détaillant l'ensemble des points relevant au lancement de cette entreprise : produit, marché, ressources, etc. Obligatoire lors de la constitution d'une nouvelle société et lors d'un financement externe, il permet de fixer et de dévoiler à court et à moyen terme la stratégie et la rentabilité financière du projet ainsi que les facteurs-clés de réussite. Les prévisions

et les stratégies établies dans le business plan permettent ensuite de suivre le bon déroulement des activités de l'entreprise et de procéder, si nécessaire, à des ajustements afin d'atteindre, avec la meilleure efficience, les objectifs fixés initialement.

- **Mots-clés ?**
  - <u>Analyse PESTEL</u> : étude des facteurs macroéconomiques (politiques, économiques, socioculturels, technologiques, écologiques et légaux) de l'environnement qui peuvent influencer le développement d'une entreprise. Cette analyse ne traite pas des facteurs de l'environnement microéconomique, qui, bien qu'également externes à l'entreprise, sont spécifiques au secteur d'activité d'une entreprise.
  - <u>Analyse SWOT</u> : étude de l'environnement interne et externe qui permet de dégager les forces, les faiblesses, les opportunités et les menaces par rapport à une entreprise spécifique.
  - <u>Étude de marché</u> : analyse qualitative et/ou quantitative des différents intervenants, tels que les clients, les fournisseurs, les concurrents, ainsi que des tendances d'un marché.

- Marché : au sens strict, ensemble des entreprises, des clients, des fournisseurs et autres intermédiaires concernés par une même activité ; au sens large, il comprend les produits, les matières premières, ainsi que les tiers qui interagissent avec le marché.
- Marketing mix : combinaison cohérente des variables de prix, de produit, de place et de promotion d'une activité (communication), à destination du consommateur pour l'inciter à acheter.
- Plan financier : plan détaillant les entrées et sorties financières d'une structure, comprenant notamment les bilans et les comptes de résultat historiques et prévisionnels.

L'origine du business plan coïncide avec une volonté croissante d'établir et d'assurer une certaine stabilité, notamment au niveau du financement, lors d'une nouvelle projection (réalisation d'un projet, création d'une entreprise, etc.). Pour décrire la situation future d'un projet d'entreprise, en vue de le mettre en place, un business plan s'avère nécessaire. C'est surtout au cours des années soixante-dix – période qui voit se multiplier des crises et des bouleversements transsectoriels (crises pétrolières et arrivée de l'informatique obligent) – que cet outil est devenu indispensable pour démarrer et gérer avec efficacité une société. Il permet par ailleurs d'attirer l'attention des décideurs, des gestionnaires, des banquiers, etc., qui sont autant de *stakeholders* (« actionnaires ») potentiels qui, percevant clairement les perspectives de rentabilité, voudront peut-être investir dans le projet.

DÉFINITION DU MODÈLE

Le business plan renseigne les dirigeants, les actionnaires et les éventuels organismes prêteurs de fonds en leur offrant une vue globale de la (nouvelle) société, de ses modes de développement, de ses choix stratégiques et de son environnement. Concrètement, il s'agit d'un document décrivant principalement :

- **l'entreprise et ses principales caractéristiques**, via une description de la stratégie et des prochains objectifs, une étude des forces et des faiblesses de la (jeune) société, et enfin via une présentation de la future équipe ;
- **le marché et la clientèle**, via une étude du marché qui renseigne les tiers sur l'état du

marché (sa croissance, son potentiel, etc.), des clients (comportements d'achat, etc.), des concurrents, des fournisseurs et autres intermédiaires-clés ;

- **la concurrence attendue**, qui recense les principales forces des concurrents, dont les avantages compétitifs que la (jeune) société devra tenter de surpasser ;
- **le plan marketing**, qui détaille la stratégie marketing envisagée pour le produit ou le service ;
- **le plan opérationnel**, qui décrit l'organisation de la société au quotidien, notamment via une analyse de la chaîne de valeur et des différentes procédures ;
- **le plan financier**, qui complète le business plan en projetant sur plusieurs années les prévisions financières, dont le retour sur investissement attendu (ROI). Il s'agit de la partie qui intéressera le plus les investisseurs et les banquiers. Il comprend principalement les rentrées et dépenses attendues au cours des premières années de lancement, mais aussi le plan d'investissement, les différents partenaires financiers visés ainsi que les bilans et comptes de résultat prévisionnels.

THÉORIE – PRÉSENTATION DU CONCEPT

Si le terme existe depuis plus d'un siècle, l'utilisation du business plan ne se propage que vers la fin des années soixante et le début des années soixante-dix (fin des *Golden Sixties* et crises pétrolières à partir de 1973). À cette époque, on observe deux changements majeurs :

- la frilosité des investisseurs ;
- l'apparition et le développement de l'informatique.

LA FRILOSITÉ DES INVESTISSEURS

Depuis les crises qui ont quelque peu refroidi les investisseurs, il est devenu nécessaire pour les entreprises en quête de financement de concevoir et de soigner leur présentation de projet pour convaincre efficacement de potentiels actionnaires. Leur discours se doit d'être structuré, professionnel et le plus réaliste possible.

L'inversion de la courbe de l'offre et de la demande incite les investisseurs à plus de prudence lors de leurs financements ; ils ne veulent désormais plus négliger aucun détail. La chute de la demande coïncidant avec une multiplication de projets de plus en plus risqués, il devient primordial de pouvoir s'assurer, grâce à une base concrète – à savoir le business plan s'il est réalisé avec objectivité et réalisme –, que l'entreprise est bel et bien viable. Toujours liée à ce changement, la hausse de la compétitivité oblige les entrepreneurs à plus de rigueur dans leur travail (choix et anticipation des risques potentiels), lors de la création d'une entreprise, ou même d'un lancement d'un nouveau produit, ce qui les mène à effectuer une étude préliminaire pour confirmer les perspectives de réussite.

L'APPARITION ET LE DÉVELOPPEMENT DE L'INFORMATIQUE

La seconde évolution est liée à l'apparition de l'informatique dans les ménages, et des produits intangibles (virtuels). L'essor de la Silicon Valley aux États-Unis, berceau des entreprises technologiques, participe à ce développement.

D'un côté, la naissance de nombreuses start-up en informatique implique des investissements importants, et, de l'autre côté, les investisseurs ont besoin de s'assurer de la viabilité et du ROI des projets financés.

AUJOURD'HUI

Actuellement, rédiger un business plan est devenu un acte presque incontournable à la gestion et à la création de nouvelles activités, voire à l'abandon de certaines et au redéploiement corollaire des ressources, les dirigeants ayant en effet besoin d'une base solide et congruente pour travailler, et les investisseurs d'informations capitales pour y placer leur argent avec confiance. Dans certains cas (peu nombreux), l'absence d'un tel document se justifie, nous en reparlerons dans le chapitre sur les limites du modèle.

LES 9 ÉTAPES-CLÉS D'UNE RÉUSSITE – LE BUSINESS PLAN CLASSIQUE

Le business plan, est, rappelons-le, une projection future d'un projet, de sa stratégie et des états financiers. S'il n'y a pas une seule bonne manière de procéder – des variantes sont possibles, un business plan pouvant comprendre entre sept et douze chapitres –, nous avons pourtant choisi de vous présenter la construction du plan en neuf étapes.

1. *Executive Summary*
2. Présentation de la société et de l'équipe de direction
3. Analyse du marché
4. Analyse clientèle
5. Analyse de la concurrence
6. Plan marketing
7. Plan opérationnel
8. Plan financier
9. Annexes

Executive Summary

L'*Executive Summary* (ou *Management Summary*), que l'on peut traduire par « résumé opérationnel », est un résumé d'une à deux pages du projet, destiné aux dirigeants et aux tiers intéressés. Ce résumé doit présenter succinctement les principales lignes directrices du business plan : le type de produits et de services créés, la stratégie mise en place, la clientèle visée, et enfin les principales données financières dont le retour sur investissement. Il doit être complet pour permettre au lecteur de se faire rapidement une idée du potentiel du projet.

Présentation de la société et de l'équipe de direction

La deuxième partie du business plan concerne la société en elle-même, sa stratégie générale, ses objectifs à court, moyen et long terme, ainsi que ses atouts et ses aspirations (challenges futurs). À ce stade de l'étude, il peut être intéressant de construire son propos sur base d'une analyse SWOT pour décrire la société et son environnement ; l'entrepreneur saisira l'occasion d'en dégager les forces, les faiblesses, les opportunités et les menaces.

La matrice SWOT

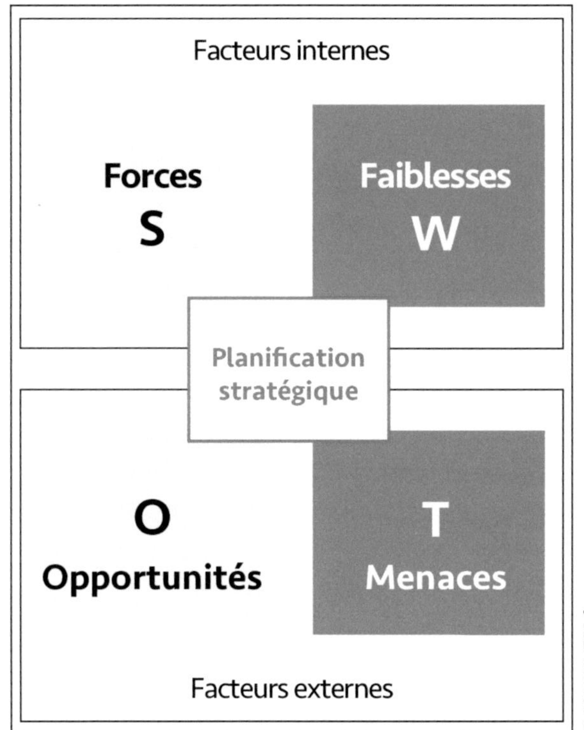

Dans une analyse SWOT, les forces sont les atouts inhérents à la société, tels que sa localisation dans un lieu propice aux affaires par exemple ; les faiblesses représentent ses points faibles (internes). Enfin, les opportunités et les menaces (facteurs externes) recensent les perspectives d'avenir de l'entreprise. Il s'agira pour elle de profiter des opportunités tout en écartant les menaces et de corriger les faiblesses grâce à ses forces.

Les objectifs de la société à court, moyen et long terme doivent également être ici définis : croissance au niveau des parts de marché détenues, hausse du nombre de clients, augmentation de rentabilité, etc.

Enfin, la présentation de la société comporte une description de l'équipe dirigeante, autrement dit les CV, le type d'apports ainsi que les futures responsabilités des associés qui vont lancer/gérer la société.

Analyse du marché

L'analyse du marché présente ce dernier dans sa globalité en plus des facteurs externes à l'entreprise qui pourraient exercer une certaine influence sur la future société (ou le futur de la société). Ce point n'a pas pour but de décrire la clientèle et ses comportements, mais bien de présenter plus largement de quoi est composé le marché actuel, les évolutions auxquelles il faut s'attendre, les législations en vigueur, etc. Pour se faire un aperçu complet et fidèle de la situation externe, une analyse PESTEL peut être envisagée. Celle-ci présente l'environnement macroéconomique à travers le prisme de six facteurs succincts.

L'analyse PESTEL

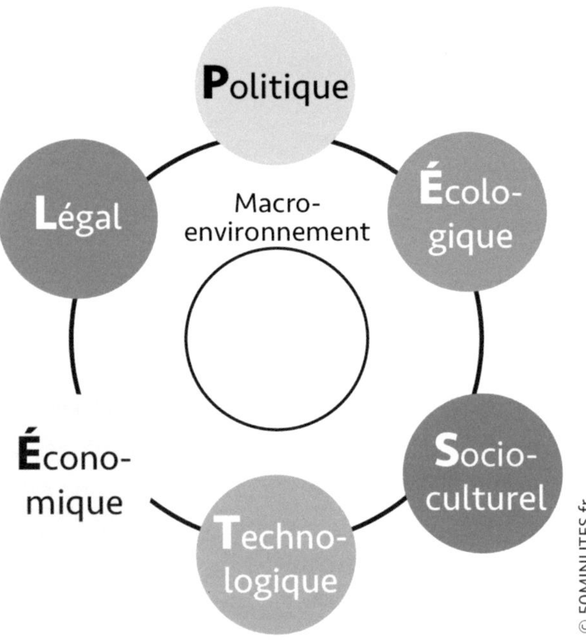

- **Politique.** Quelle est la pression gouvernementale ? Quelle est la stabilité politique ?
- **Économie.** Quels sont les taux d'intérêt et de croissance ? Quelle est la politique monétaire ?
- **Socioculturel.** Qu'en est-il de la démographie ? Quelles sont les lois sociales en vigueur ?
- **Technologie.** Quels sont les technologies disponibles, les nouveaux brevets ?
- **Écologie.** Quelles sont les normes environnementales ? Quelle politique de développement durable est mise en place ?
- **Législation.** Quelles sont les lois du secteur en vigueur ? Quelle protection du consommateur existe-t-il ?

Ce que l'on cherche à valider avec ce type d'analyse, ce sont la pertinence et la légitimité de l'implantation d'une nouvelle société sur le marché.

L'ÉTUDE DE MARCHÉ

L'étude de marché constitue généralement la base de tout business plan. C'est une étape presque obligatoire puisqu'elle permet à l'entrepreneur de se rendre compte des conditions réelles – puisque récoltée à la source – du marché dans lequel s'inscrit (ou s'inscrira) sa société. Elle est pourtant souvent négligée, car sa réalisation prend un certain temps ; temps que les initiateurs du projet préfèrent consacrer à la mise en place concrète de la société. On utilise les études de marché lorsque l'on cherche à :

- dégager les évolutions du marché, afin de savoir si le marché visé est propice ou non à la nouvelle société ;
- définir sa clientèle cible, sa provenance et ses comportements d'achat ;
- mieux connaître la concurrence. Est-elle bien établie ? Quels produits propose-t-elle ? Quels sont ses atouts, soit ses avantages concurrentiels ? ;
- se rendre compte des aspects liés aux fournisseurs (leur nombre, les accords et les marges possibles) ;
- et enfin, déceler les autres facteurs d'influence, comme le lieu d'implantation, les lois du commerce, les normes sociales et les autres partenaires.

Analyse clientèle – Quels sont les consommateurs cibles ?

L'analyse clientèle fait partie des points les plus importants à développer dans le business plan, car sans client, il n'y a bien évidemment pas de rentrée d'argent ! L'analyse vise donc à décrire la future clientèle prospectée. Il faut, à ce stade, percevoir clairement qui la compose, comment la segmenter, quelle zone de chalandise choisir, etc. Les instituts de statistiques peuvent généralement fournir une part non négligeable de ces informations.

Les besoins des consommateurs, autrement dit ce à quoi ils aspirent, doivent également occuper une place prépondérante dans la réflexion à mener pour achever de définir les caractéristiques de la clientèle cible. Une étude de marché sur le terrain est dès lors nécessaire pour observer les habitudes d'achat et les envies des consommateurs, leur pouvoir d'achat et le prix qu'ils seraient prêts à payer ; le but étant de façonner des produits qui puissent répondre à leurs besoins.

Analyse de la concurrence

Il convient ensuite de se pencher davantage sur les facteurs externes à l'entreprise qui jouent directement un rôle au niveau de son secteur et influence l'équilibre fragile de l'offre et de la demande. Ce point vise à mettre en lumière les différents concurrents déjà établis dans le marché, à analyser leurs produits, les prix qu'ils ont définis ainsi que leurs avantages compétitifs. L'objectif est de savoir comment la société pourra les surpasser et quel avantage compétitif elle va elle-même développer. Bien que difficilement réalisable de manière exhaustive, une analyse SWOT des concurrents permettra de découvrir leurs forces et faiblesses.

Enfin, une classification des concurrents directs et indirects peut également s'avérer intéressante, la société ne devant en négliger aucun.

- **Les concurrents directs** sont ceux qui fournissent un service identique à celui de la société pour répondre à un besoin comparable.
- **Les concurrents indirects** offrent un service différent, mais répondant au même besoin.

Plan marketing ou marketing mix

Grâce aux analyses de clientèle et de concurrence réalisées, il devient ensuite possible de définir la stratégie d'approche des futurs consommateurs et de concevoir le plan marketing. Également appelé « marketing mix », il se chargera de décrire les principaux éléments de la stratégie de vente d'un produit ou d'un service.

- **Produit.** Quel est le produit ou le service proposé ?
- **Prix.** Mon prix est-il aligné sur celui des concurrents ? En quoi une différence de prix peut-elle jouer sur les comportements d'achat des clients ?
- ***Place* (canaux de distribution).** Sur quels canaux de vente sera-t-il distribué ? Sur Internet ? En magasin ?
- ***Promotion* (communication et diffusion).** Quelle publicité déployer ? Quel ton utiliser ? Quelle image et quelles valeurs souhaite-t-on renvoyer ?

Les 4P du marketing mix

Ce mix de quatre variables permet de dégager un plan cohérent dans la mise en œuvre de la stratégie marketing. Les points principaux de l'analyse SWOT effectuée précédemment peuvent accompagner judicieusement ce plan.

LA THÉORIE DES 7 P

Si les 4 P forment une combinaison efficace et cohérente pour organiser le plan marketing, certains préfèrent en ajouter encore deux, trois ou quatre supplémentaires pour nuancer le concept. Les plus populaires sont les variables *People* (« gens »), notion

Plan opérationnel

Cette partie est consacrée à la gestion de l'entreprise et de ses activités au quotidien : organisation des différents départements, interactions avec les intervenants externes (par exemple, les fournisseurs), etc. Elle doit pouvoir répondre aux questions suivantes : comment est organisée la société en interne ?, comment obtenir le produit ?, quelles procédures sont mises en place ?, quels services connexes sont sous-traités ? Enfin, selon les besoins de mise en forme du business plan, plusieurs solutions de présentation des informations peuvent être envisagées :

- un organigramme présentant les différents départements, avec éventuellement les liens qui existent entre ceux-ci ;
- un plan détaillé mois par mois des différentes activités de lancement, comprenant les *milestones* (« points importants ») du projet ;

- une analyse de la chaîne de valeur, c'est-à-dire une présentation des activités allant de l'étape de recherche et développement jusqu'au service après-vente.

Plan financier

Alors qu'à notre époque les faillites sont assez courantes, particulièrement au niveau des start-up, le critère de la viabilité de l'entreprise est devenu crucial : il peut amener, s'il n'est pas concluant, une certaine frilosité des bailleurs de fonds, freinant alors inéluctablement le dynamisme de notre économie. Hormis les rentrées et sorties attendues, le plan financier inclut le plan d'investissement, les partenaires financiers visés ainsi que les bilans et les comptes de résultat prévisionnels.

Ce plan financier, établi le plus souvent pour trois ans, est très certainement l'un des chapitres les plus consultés du business plan, car il engage la responsabilité des fondateurs pendant les trois premières années de lancement et intéresse particulièrement les investisseurs et banquiers, qui veulent s'assurer de la viabilité de l'entreprise. Les premiers s'attarderont sur la notion de risque par rapport au rendement ainsi que sur le retour sur investissement, tandis que les seconds vérifieront plutôt que la société est bien apte à rembourser ses emprunts durant les premières années. Notez que, si un plan financier sur cinq ou dix ans est toujours possible, se projeter trop loin dans le temps peut rendre les prévisions imprécises et même, dans certains cas, fausses.

Comme pour le plan opérationnel, celui-ci peut être détaillé en plusieurs points selon les besoins. Il comprend :

- **un tableau d'utilisation et d'apport des fonds financiers pour le lancement de la société**. Ces mesures peuvent comprendre les frais de constitution, les immobilisations corporelles et financières, les stocks, la trésorerie de départ, les différents apports et les emprunts à contracter ;
- **les bilans et les comptes de résultat prévisionnels pour les trois premières années**. Ici, nulle obligation d'insérer les documents complets (car on peut également les placer dans les annexes du business plan) : seuls les chiffres les plus significatifs devront impérativement s'y trouver.

Annexes

Enfin, les annexes contiennent l'ensemble des documents et informations qui ne peuvent se trouver directement dans le business plan. On y trouve notamment le plan financier détaillé, les études de marché, le CV des fondateurs, les copies des documents sociétaux, les brevets et licences, et tout autre document apportant des compléments d'information pertinents.

MISE EN PRATIQUE DU BUSINESS PLAN

CONSEILS ET *BEST PRACTICES*

Applications concrètes en entreprise

Outre les deux situations générales, dont nous avons déjà esquissé les contours (création d'une entreprise ou lancement d'un projet d'envergure) et pour lequel il est tantôt obligatoire, tantôt recommandé de faire usage d'un business plan, ce type de présentation prouve également son utilité pour :

- suivre l'entreprise durant son évolution au fil des années, en jouant le rôle de document de référence, et s'assurer que le projet ne s'éloigne pas trop des prévisions initiales. En cas de changements importants au niveau stratégique, le business plan peut être adapté (plus vite les écarts sont observés, plus vite ils pourront être comblés) ;

- convaincre les investisseurs et les prêteurs de la rentabilité du projet et de l'intérêt d'investir ou d'accorder un prêt ;
- remplir certaines obligations légales, notamment la présentation d'un plan financier pour la création d'une SA (société anonyme) ou d'une SPRL (société privée à responsabilité limitée), à annexer aux statuts déposés chez le notaire ;
- augmenter la crédibilité auprès des potentiels futurs intermédiaires (fournisseurs, distributeurs, etc.).

LES AVANTAGES DU BUSINESS PLAN À RETENIR !

1. Le business plan permet de délimiter les tenants et aboutissants du projet, de s'assurer que toutes les questions ont été étudiées et qu'il ne reste pas de zones d'ombre. Oublier une concurrence féroce ou une barrière à l'entrée du marché sera préjudiciable.

2. En lien avec ce premier avantage, il fixe la stratégie et s'assure de la faisabilité du

projet.

3. Ce document standardisé peut être présenté et compris par toutes les personnes impliquées, telles que les investisseurs et prêteurs. Ainsi, si la loi bancaire n'impose pas à l'entrepreneur de fournir un business plan lors d'une demande de prêt (auprès d'une banque), il s'avérera difficile de lever des fonds sans avoir à en réaliser un.

4. Enfin, le business plan facilite la planification aux niveaux stratégique, opérationnel et financier pour les premières années, et permet de contrôler si les objectifs sont bien atteints durant le lancement.

Recommandations pour un business plan efficace

- **Lors de la réalisation du business plan, pensez objectivement.** Il est primordial d'estimer correctement et de façon cohérente les différents points abordés, et surtout, de se faire à l'idée que s'octroyer un salaire démesuré à l'issue de la première année de lancement d'un nouveau projet n'est pas forcément réaliste.

- **Assurez-vous, autant que possible, de la faisabilité d'un nouveau projet.** Cela peut sembler évident, mais obtenir une rentabilité suffisante après trois années est important pour survivre.
- **Confrontez les prévisions avec celles des concurrents.** Cela vous permettra de déterminer si oui ou non votre analyse s'avère pertinente. Si ce n'est pas le cas, corrigez-la immédiatement.
- **Faites valider le plan par des experts dans le domaine.** Il peut s'agir de guichets d'entreprise qui pourront pointer certains manquements, et vous permettront ainsi de revoir votre stratégie pour que votre business plan soit plus adapté aux réalités du marché.
- **Faites relire le plan par des non-experts.** Un business plan doit être lisible et compréhensible par tous, spécialistes ou non du domaine.
- **Suivez les évolutions de la société en fonction du business plan et ajustez en conséquence.** C'est un des atouts majeurs de cet outil, il permet de vérifier que la stratégie prévue est bien d'application. Il est donc important que le business plan reste une base de

développement et de soutien tout au long de la gestion d'entreprise, et pour ses nouvelles activités en particulier, durant les premières années de lancement.

- **Enfin, ne dissimulez pas d'informations préjudiciables, ne cachez pas les vrais risques et ne modifiez pas les prévisions financières.** Les fondateurs doivent en effet engager leur responsabilité en cas de faillite de la société !

ÉTUDE DE CAS – LE BARRACUBA

Notre étude de cas fictive est relative à l'ouverture d'un nouveau café dans le centre-ville, par un ancien étudiant qui n'a pas oublié ses belles années d'université et qui aimerait renouer avec le secteur. Il a en effet remarqué que peu d'activités estudiantines sont organisées dans sa ville, et que les quelques cafés pour étudiants qui s'y trouvent ne sont pas très animés. Soutenu par un ancien camarade de cours, il décide de concrétiser le projet. Malgré leurs économies communes, une levée de fonds semble nécessaire pour se lancer. Après n'avoir récolté aucun succès auprès des investisseurs privés, ils envisagent de se tourner vers une banque et, pour être pris au sérieux, ils décident de lui présenter leur business plan (20 à 30 pages). Il est ici présenté dans les grandes lignes.

Executive Summary

Le BarraCuba est un nouveau bar à l'atmosphère branchée essentiellement destiné à une population jeune. Afin d'animer les lieux, des soirées à thème et des petits concerts y seront régulièrement organisés. Idéalement localisé dans le quartier étudiant, ce lieu de rencontre propose un service de vente au bar à des prix parmi les plus faibles de la ville.

Présentation du bar et de l'équipe

La stratégie du BarraCuba se focalise principalement sur un public jeune, qu'il désire accueillir tant en journée qu'en soirée.

Le SWOT du nouveau projet

<table>
<tr><td colspan="2" align="center">Facteurs internes</td></tr>
<tr><td align="center">Forces</td><td align="center">Faiblesses</td></tr>
<tr>
<td>

- Affinités déjà existantes avec le milieu étudiant
- Prix attractif
- Localisation proche des facultés

</td>
<td>

- Peu d'expérience
- Pas encore de clientèle habituelle

</td>
</tr>
<tr><td colspan="2" align="center">SWOT</td></tr>
<tr>
<td>

- Lieu de passage important
- Bonne négociation avec les fournisseurs
- Peu d'animations déjà proposées dans le quartier

</td>
<td>

- Riverains recherchant la tranquilité
- Crise économique
- Concurrents tels que les autres bars et cercles estudiantins

</td>
</tr>
<tr><td align="center">Opportunités</td><td align="center">Menaces</td></tr>
<tr><td colspan="2" align="center">Facteurs externes</td></tr>
</table>

Les entrepreneurs souhaitent également y faire naître une ambiance de café espagnol, car ils sont convaincus que la musique et les danses attireront plus spécifiquement une clientèle jeune et branchée.

La société sera par ailleurs représentée par Charles T., ancien universitaire, commercial, ainsi que Thomas P., ancien étudiant également, comptable. Les deux associés apporteront chacun en fonds propres la somme de 12 500 € à placer dans le fonds de commerce.

Analyse du marché des cafés

Ce type d'analyse – PESTEL entre autres – se concentre sur le marché du divertissement combiné aux débits de boissons. Ce secteur est en difficulté depuis quelques années, et ce pour plusieurs raisons.

Analyse PESTEL

Politique	• Hausse des accises sur l'alcool, qui ne favorisera pas le chiffre d'affaires
Écologique	• Crise économique qui pousse les gens à faire plus attention à leurs dépenses et à préférer boire un verre chez eux • Hausse des loyers en général, et coûts fixes importants à supporter
Socio-culturel	• Besoin éprouvé par les jeunes de sortir et de s'amuser après le travail ou leurs cours
Techno-logique	• Câbles optiques en ville, favorisant une meilleure connexion Internet
Économique	• Protection de la santé publique liée à la boisson et au tabac • Mesures de prévention contre les nuisances sonores
Légal	• Politique anti-tabac : les fumeurs ne peuvent plus fumer et boire à l'intérieur d'un lieu public

Cependant, le marché comporte certains atouts et reste favorable à l'ouverture d'un bar. Les étudiants sont en effet toujours à la recherche de lieux de détente, de rencontre et de divertissement. En outre, les animations organisées ainsi que les prix compétitifs auront tôt fait d'attirer le public cible.

Analyse clientèle cible du projet

Leur clientèle cible englobe les étudiants de l'université et des hautes écoles de la ville. S'appuyant sur une étude de marché concentrée sur les prospects, ils avancent que plus de 60 % d'entre eux sont favorables à l'ouverture d'un bar dans le centre-ville et que 5 % d'entre eux seraient prêts à le fréquenter régulièrement. À noter que la plupart préfèrent les sorties en semaine, étant de retour chez eux chaque week-end. L'ouverture du bar le vendredi et le samedi soir viserait donc les jeunes travailleurs qui n'ont pas la possibilité de sortir en semaine.

Leur clientèle secondaire sera quant à elle composée par les jeunes entre 18 et 35 ans. Les études statistiques sur le monde de la nuit dans la région démontrent que 20 % des jeunes sortent au moins une fois par mois, et que 10 autres pour cent le font chaque semaine. Le prix moyen consacré par soirée est d'environ 12 €. Connaissant bien la sphère estudiantine et se faisant une idée claire du potentiel et de l'importance de leur future clientèle, les entrepreneurs affirment être en mesure de se projeter de façon objective et de fournir des données cohérentes.

Une estimation quantitative de la clientèle possible est réalisée comme suit : en comptant 23 % des 650 000 habitants de la ville et des alentours, ils constatent que les personnes âgées entre 18 et 35 ans sont environ 150 000.

- 20 % d'entre eux fréquentent un café une fois par mois (20 % de 150 000 x 12 €)
- 10 % s'y rendent environ quatre fois par mois (10 % de 150 000 x 12 € x 4 sorties)

Globalement, pour la métropole, le chiffre d'affaires estimé est de 1 080 000 € par mois, soit 360 000 € + 720 000 € (attention : ce chiffre d'affaires n'est qu'une estimation du marché, pour tous les types de sorties relatives aux bars, et ce pour un mois complet). Si les entrepreneurs rapportent ces chiffres sur une année complète, tout en tenant compte de la probable baisse de la consommation pendant l'hiver et les jours de pluie (- 5 % sur six mois) ainsi que de la hausse de la consommation durant les belles saisons (+ 10 % sur six mois), ils parviennent à avancer un chiffre d'affaires annuel de 13 284 000 €, soit 6 156 000 € + 7 128 000 €.

Analyse de la concurrence

L'analyse de la concurrence a été réalisée directement sur place. Ils ont en effet repéré sept autres débits de boissons dans un rayon de trois kilomètres, qu'ils ont ensuite analysés. Deux d'entre eux sont des bars pour étudiants : la musique y est forte, sauf pendant les soirées en semaine. Tous deux proposent une carte de boissons très conséquente, parmi lesquelles on trouve de nombreuses bières spéciales. Cependant, les entrepreneurs, qui désirent se positionner sur ce marché, pensent que leurs prix plus démocratiques, dus à une gamme de boissons réduite, leur assureront un avantage compétitif.

Malgré les estimations avancées, ils se déclarent ouverts aux changements de stratégie en fonction des demandes, désirs et comportements de leurs premiers clients. Leur objectif à ce stade est de les satisfaire un maximum pour parvenir à les fidéliser et à faire en sorte qu'ils en parlent autour d'eux.

En se basant sur les données de clientèle et de concurrence, l'évolution de la part de marché du BarraCuba devrait varier de 0,5 % pour la première année, de 1,2 % pour la deuxième et enfin de 1,5 % pour la troisième année.

Prévisions sur trois ans

	ANNÉE 1	ANNÉE 2	ANNÉE 3
Part de marché	0,50 %	1,20 %	1,50 %
CA/an	66 420 €	159 408 €	199 260 €

Plan marketing du BarraCuba

Conformément à leur vision et leur étude de marché, ils décident de procéder comme suit :

Plan marketing du BarraCuba

PRIX	• Prix faibles et attractifs, en décalage par rapport à ceux des concurrents • Réductions pendant certaines soirées
PRODUIT	• Un ensemble de softs conséquent, la plupart des bières traditionnelles vendues dans le secteur ainsi que quelques bières spéciales • Évolution possible
PLACE	• Situé au cœur du quartier étudiant, lieu de passage
PROMOTION	• Affiches sur le campus avec les informations pratiques sur les soirées à thème • Panneaux d'affichage sur la vitrine du bar • … dans l'espoir que soit enclenchée une vague de bouche à oreille entre étudiants

Plan opérationnel

La gestion quotidienne de l'établissement sera effectuée par les deux gérants désignés précédemment :

- Charles T., commercial, s'occupera plus spécialement des contacts avec les fournisseurs, la ville et les instances régulatrices, ainsi que de la gestion du bar ;
- Thomas P., comptable, sera en charge de la gestion des fonds, de la comptabilité/fiscalité et de tout ce qui touche aux questions financières. Il s'occupera également de la gestion du bar pendant les soirées.

Au début, ils ne comptent sous-traiter aucune activité, hormis les éventuels dossiers exceptionnels et inattendus liés aux problèmes en justice ou techniques dont ils ne peuvent se charger eux-mêmes. Ils prévoient d'engager cinq étudiants à temps partiel, sous contrat d'étudiant, pour démarrer leur activité afin d'assumer l'affluence lors des soirées programmées.

Plan de lancement du BarraCuba

- Mois 1 et 2 – Février-mars : étude de marché, plan financier et validation du business plan (étape en cours de réalisation).
- Mois 3 et 4 – Avril-mai : obtention d'un emprunt auprès d'une banque, prise de contact avec le propriétaire des futurs locaux ainsi que la ville, et informations à communiquer aux citoyens.
- Mois 5 – Juin : obtention des accords et licences pour mettre en place le bar et négociation des contrats avec les fournisseurs.
- Mois 6 – Juillet : début de la promotion du futur café et recherche des étudiants jobistes.
- Mois 7 – Août : installation des meubles, de la scène de concert et du bar.
- Mois 8 – Septembre : ouverture officielle du bar à la rentrée estudiantine avec soirée spéciale et réductions sur certaines boissons.

Plan financier

Ci-dessous, le tableau des principaux apports et utilisations de fonds nécessaires pour le lancement.

Plan financier

UTILISATION DES FONDS	Fonds de commerce : 12 000 € Bail locatif (12 mois) : 9 600 € Caution : 1 600 € Immobilisations corporelles : 2 500 € Aménagement : 600 € Caisse enregistreuse : 450 € Publicité : 500 € Trésorerie provisionnelle : 5 000 €
PROVENANCE DES FONDS	Apport gérant 1 : 12 500 € Apport gérant 2 : 12 500 € Emprunt souhaité : 12 250 €

Vu leurs estimations de vente, le chiffre d'affaires attendu pour la première année de lancement (« n ») s'élève à 66 420 €, pour la deuxième 159 408 € et enfin pour la troisième année 199 260 €. Le bénéfice net attendu pour les trois premières années devrait évoluer comme suit :

- n – Année de lancement : 249 € (perte) ;
- n + 1 – Deuxième année : 30 432 € ;
- n + 2 – Troisième année : 46 452 €.

Tableau prévisionnel des premières années de lancement

	Année 1	Année 2	Année 3
Chiffre d'affaires	66 420 €	159 408 €	199 260 €
	20 000 €	20 000 €	20 000 €
Charges d'exploitation	26 568 €	63 763,2 €	79 704 €
	15 000 €	25 000 €	25 000 €
Achat de marchandises	4 852 €	50 644,8 €	74 556 €
	1 601,16 €	16 712,784 €	24 603,48 €
Charges salariales	2 000 €	2 000 €	2 000 €
	1 500 €	1 500 €	1 500 €
Résultat d'exploitation	- 249,16 €	30 432,016 €	46 452,52 €
Impôts et taxes (33 %)			
Intérêts et emprunts			
Autre charges			
Bénéfice net			

Le business plan doit rester utile au-delà des premières années de lancement. Quand les gérants du BarraCuba arriveront en fin de première

année (et des suivantes), ils devront impérativement comparer leurs prévisions avec ce qu'ils ont
réalisé, et réfléchir aux causes des écarts qu'ils
ont peut-être obtenus. Corriger une stratégie
en cours de route est en effet toujours possible
et plus vite cette réorientation est opérée, plus
grande est la probabilité d'atteindre les objectifs
initialement fixés.

RÉPERCUSSIONS

UN BUSINESS PLAN CRITIQUABLE

Comme tout modèle le business plan souffre quelques critiques.

- **Le business plan ne constitue qu'une étude prévisionnelle du projet, et n'assure donc pas une rentabilité à toute épreuve.** De nombreux événements inattendus peuvent en effet venir mettre à mal les prévisions établies : un mauvais calcul du chiffre d'affaires, une mauvaise estimation du marché, une chute de la consommation, une erreur de conception du produit ou une guerre des prix à la concurrence. Personne ne peut prédire le futur, mais il faut garder en tête que le plan d'entreprise servira malgré tout de base de travail.
- **Les changements réguliers à apporter dans le business plan peuvent paraître quelque peu rébarbatifs.** Dans le cas de start-up ou d'entreprises actives dans des secteurs particulièrement mouvants (en informatique, par exemple, où la vitesse d'obsolescence du

produit est très élevée), les modifications par rapport au plan établi sont courantes : une modification de la stratégie, une amélioration du projet, un changement de clientèle inattendu. Le business plan initial n'est donc plus pertinent, les grandes lignes de celui-ci étant devenues trop éloignées de la réalité.

- **Le manque de ressources nécessaires (temps, énergie et compétences) pour réaliser un business plan efficace et complet.** Si son élaboration est bien souvent longue et fastidieuse, le business plan paraît dès lors irréalisable pour les jeunes entrepreneurs n'ayant pas assez de temps à y consacrer. L'étude de marché, de produit, la description de la société, ainsi que le plan financier nécessitent également des ressources extérieures pour la correction et la validation, et ne permettent donc pas à l'entrepreneur de se concentrer, dans un premier temps, sur son *core business*. Une telle réalisation pourrait par ailleurs constituer, dans certains cas, une barrière à l'envie d'entreprendre.
- **Peu d'alternatives possibles.** Il n'existe malheureusement pas ou peu d'alternatives au business plan. Son absence lors d'une

mobilisation de fonds pourrait même être préjudiciable pour la jeune entreprise, car les banques et autres organismes financiers désirent disposer d'une base solide avant d'investir. Cependant il est fort probable que cette attitude évoluera un jour en faveur d'études de création d'entreprises simplifiées, comme c'est le cas au Canada (méthode SynOpp, par exemple).

- Il existe cependant deux cas où le business plan n'est pas obligatoire : lorsqu'un entrepreneur décide de fournir lui-même les fonds nécessaires pour lancer son projet ; et lorsque des sociétés à haute valeur ajoutée mais possédant un risque important font appel à des investisseurs particuliers, des *business angels* ou encore des fonds d'investissement (ils devront cependant leur présenter les quelques points principaux du business plan, à savoir le futur produit, son utilité, les clients potentiels, et enfin le chiffre d'affaires attendu).

LES *BUSINESS ANGELS*

Les *business angels* sont des investisseurs particuliers expérimentés (disposant de certains capitaux propres), qui, guidés par leur intuition, fourniront un financement et feront bénéficier leurs protégés de leur expertise, de leur réseau d'affaires et de leur savoir en tant qu'associés dans la nouvelle société. Les jeunes entreprises qui font appel à ce type d'investisseurs sont bien souvent des start-up à haut potentiel de croissance, qui proposent des solutions innovantes notamment en matière de nouvelles technologies ou de techniques industrielles, voire sur des marchés émergents.

LES EXTENSIONS DU BUSINESS PLAN

Le tableau de bord prospectif

Il s'agit d'un outil de pilotage et de gestion d'une entreprise se basant sur des indicateurs-clés, les KPI (*Key Performance Indicators*), qui offre aux dirigeants et aux managers une vue claire et générale des activités importantes en cours de réalisation ou à mener. Il n'existe pas un seul type de tableau de bord, car celui-ci est à adapter selon le type de société gérée. Nous retrouvons en plus des indicateurs génériques, tels que le chiffre d'affaires, des indicateurs propres à chaque secteur.

Le tableau de bord prospectif peut être utilisé conjointement avec le business plan, car, en reprenant ses chiffres-clés, il aide à piloter et à suivre la jeune entreprise tout au long de ses premières années. Hormis le pilotage d'entreprise, cet outil de gestion permet également d'anticiper les problèmes en établissant des prévisions en vue de les confronter plus tard à la réalité, mais aussi de développer une stratégie claire. En effet, grâce aux différents axes stratégiques étudiés, rien n'est laissé de côté.

- **Axe financier** : chiffre d'affaires, bénéfice attendu, bénéfice par action (EPS ou *Earnings Per Share*), retour sur investissements (ROI ou *Return On Investments*), rentabilité des actifs (ROA ou *Return On Assets*), etc.
- **Axe client** : part de marché, niveau de satisfaction clientèle, taux de fidélisation, etc.
- **Axe processus internes** : durée et coût de production, délai d'approvisionnement, délai de réponse au client, etc.
- **Axe apprentissage organisationnel** : nombre de plaintes adressées par les employés, taux de

satisfaction en interne, nombre de formations suivies, possibilités d'évolution, etc.

Le diagramme de Gantt

Il s'agit d'un outil de pilotage de projet, utilisé régulièrement en informatique ou en ingénierie. Il permet une représentation graphique (par le biais de bâtonnets inversés) de l'état d'avancement du projet, des différents *milestones* (dates-clés), et de ce qui reste à réaliser. Cet outil est notamment très apprécié dans le cadre du lancement d'une société.

Exemple de diagramme de Gantt

Nom de la tâche	Début	Fin	Juin	Juill.	Août	Sept.
Étude comparative des machines	1/06/15	30/06/15				
Recherche des fournisseurs	20/06/15	20/07/15				
Livraison de la machine	20/07/15	10/08/15				
Installation de la machine	10/08/15	16/08/15				
Premier test de la machine	17/08/15	18/08/15				
Lancement de la production	18/08/15					

EN RÉSUMÉ

- Le business plan est un guide opérationnel, utile lors de la création d'une entreprise ou du lancement d'un projet d'envergure, qui permet de décrire précisément les lignes de conduite et les prévisions futures (pour les trois années à venir), tout en offrant une vue globale du projet à court et moyen terme.
- Il est destiné aux dirigeants et gérants du projet, qui auront besoin de s'assurer de sa faisabilité et de suivre attentivement sa réalisation. Mais il permettra également de convaincre des investisseurs et d'informer l'ensemble des collaborateurs des tâches et des responsabilités de chacun.
- Divisé en une dizaine de chapitres, ce document a pour principaux objectifs de :
    - présenter le produit et ses avantages à travers le plan marketing ;
    - décrire l'environnement dans et autour de l'entreprise grâce à l'étude de marché ;
    - communiquer les prévisions financières via le plan financier établi.

- Son plus grand avantage réside dans la délimitation du projet qu'il propose, tout en évitant toute zone d'ombre. Pouvoir déterminer une stratégie claire et efficace est essentiel, en temps de crise comme en temps normal.
- Presque obligatoire dans le cas d'une demande de financement auprès d'organismes publics et de banques, le business plan ne connaît pas ou peu d'alternatives. Certains investisseurs privés, tels que les *business angels*, lui préféreront une présentation courte et simplifiée se centrant davantage sur le produit, son utilité et le fameux retour sur investissement.
- S'il veut être efficace, un business plan doit être estimé correctement et objectivement. Il faut à tout prix éviter les erreurs ou, pire, dissimuler des informations préjudiciables, sous peine de voir son entreprise couler.
- Il est important de faire valider le plan par des personnes externes au projet pour garantir sa fiabilité et sa compréhension.
- Enfin, utilisé conjointement avec un tableau de bord prospectif, le business plan doit servir de document de référence tout au long des premières années de lancement de la jeune société ou du nouveau projet qui y est décrit.

Les entrepreneurs doivent pouvoir s'en servir comme point de repère pour s'assurer du bon fonctionnement de la stratégie et de la rentabilité du projet ; au besoin, il faudra ajuster le tir, effectuer des changements et réaliser de nouvelles prévisions.

POUR ALLER PLUS LOIN

SOURCES BIBLIOGRAPHIQUES

- ABRAMS (R.), *The Successful Business Plan: Secrets and Strategies*, Palo Alto, Planning Shop, 2014.

- BECI, « Business plan : quels points aborder ? », in *BECI*, consulté le 28 avril 2015.
  http://www.beci.be/services/je_cree_ma_societe/business_plan_quels_points_aborder/

- « Business plan », in *Entrepreneur*, consulté le 28 avril 2015.
  http://www.entrepreneur.com/encyclopedia/business-plan

- FILION (Louis Jacques), ANANOU (Claude) et SCHMITT (Christophe), *Réussir sa création d'entreprise sans business plan*, Paris, Eyrolles, 2012.

- KOTLER (Philip), KELLER (Kevin) et MANCEAU (Delphine), *Marketing Management*, 14e édition, Montreuil, Pearson, 2012.

- LAVINSKI (Dave), « Business Plan Outline – 23 Point Checklist For Success », in *Forbes*, mars 2013, consulté le 28 avril 2015.
  http://www.forbes.com/sites/davelavinsky/2013/12/03/business-plan-outline-23-point-checklist-for-success/

- LICP, « Tableau de bord et reporting », in LICP,
  consulté le 10 juin 2015.
  http://www.licp.fr/site/images/stories/pdf/
  BTS_cgo/p8_9_chap8.pdf

- UNIVERSITÉ DE NAMUR, « Guide d'information.
  Le plan d'affaires ou business plan », in *UNamur*,
  consulté le 28 avril 2015.
  http://www.unamur.be/recherche/utiles/optival/
  formations/OPTIVALGuidePlanAffaires.pdf

SOURCES COMPLÉMENTAIRES

- BERK (Jonathan) et DEMARZO (Peter), *Finance
  d'entreprise*, Montreuil, Pearson, 2014.

- KUBICKI (Morgane), *Le marketing mix et les 4 P du
  marketing. Comment déterminer une stratégie
  de prix ?*, Bruxelles, Lemaitre Publishing, coll.
  « 50Minutes », 2014.

- STUTELY (Richard), *The Definitive Business Plan:
  The Fast-Track to Intelligent Business Planning for
  Executives and Entrepreneurs*, Upper Saddle River,
  FT Press, 2001.

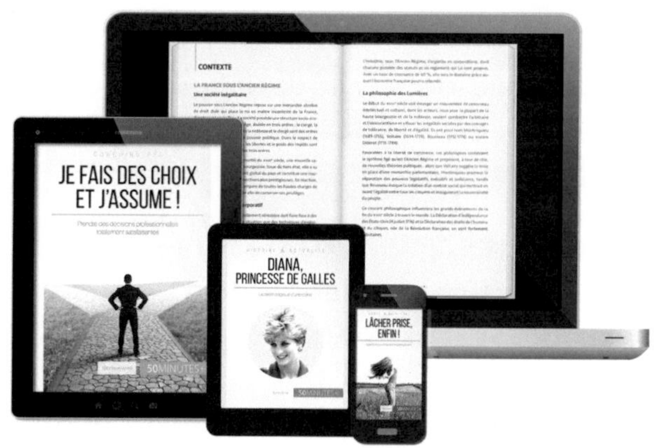

L'éditeur veille à la fiabilité des informations publiées, lesquelles ne pourraient toutefois engager sa responsabilité.

www.50minutes.fr

ISBN ebook : 978-2-8062-6410-7
ISBN papier : 978-2-8062-6411-4
Dépôt légal : D/2015/12603/185
Couverture : © Primento

Conception numérique : Primento,
le partenaire numérique des éditeurs